GERMANIA
EBURONES
USIPETES
TREVERI
MEDIOMATRICI
RHENUS
NEMETES
RAURACI
DANUBIUS
NORICUM
MONTES
VENETI
VERONA
MEDIOLANUM
GALLIA CISALPINA
VERCELLÆ
MANTUA
AQUILEIA
PARMA
PADUS
MARE ADRIATICUM
GENUA
RAVENNA
LUNA
PISÆ
FÆSULA
ANCONA
NICÆA
ARNUS
ETRURIA
ARETIUM
VOLATERRÆ
PERUSIA
VIA
AURELIA
TIBERIS
MARE TYRRHENUM
CORSICA
ROMA
OSTIA
SARDINIA

Collection SOLEIL NOIR

VAE VICTIS!

T.6 : BOADICAE, LA GUERRIERE FOLLE

Scénario : **Simon ROCCA**
Dessins : **Jean-Yves MITTON**
Couleurs : **Sophie BALLAND**

SOLEIL PRODUCTIONS

Album **SOLEIL PRODUCTIONS**
9, boulevard de strasbourg - 83000 TOULON
Téléphone : 94 09 08 28 - fax : 94 62 30 21
Dépôt légal : juillet 1995 - ISBN 2 - 8777764 - 349 - 2

Conception graphique

Laurent ARNAUD pour **SOLEIL PRODUCTIONS**

Photogravure : **Offset-Méditerranée - Golfe-Juan**
Impression et reliure : ***Partenaires-Livres®***

ANNÉE 696 DE ROME...*
EN CE PRINTEMPS BOUEUX OÙ CAIUS JULIUS CÉSAR ÉTABLIT SA DOMINATION SUR LES TRIBUS BELGES, NOMBRE DE PORTS DE BRETAGNE** ACCUEILLIRENT, BON GRÉ MAL GRÉ, UNE FOULE DE RÉFUGIÉS BELGES ET GAULOIS CONTINENTAUX...
* 57 AVANT J.C.
** L'ACTUELLE ANGLETERRE
JE RECONNAIS LES BARQUES ! CEUX DE MON VILLAGE SONT LÀ !
OLVAC ! TU AS SAUVÉ TA FEMME ?
TA GUEULE, RUTNIC !
QUI C'EST, CELLE-LÀ ?

LAISSE-LA ! ELLE A PERDU SON ÉPOUX ET SON BÉBÉ, COMME MOI, J'AI PERDU LES MIENS... À CAUSE DE VOUS !
COMMENT, À CAUSE DE NOUS ?
SI VOUS AVIEZ ATTENDU, ILS AURAIENT PU ÉCHAPPER AUX GERMAINS, ET...
ÇA N'AURAIT RIEN CHANGÉ, IDIOT ! ET ON SE SERAIT FAIT TUER, NOUS AUSSI !
ET NOUS...
OUGH !
LÂCHES !
AAGH !
ARRÊTEZ ! RACAILLE DE GUEUX !
VOUS N'ALLEZ PAS DÉBARQUER CHEZ NOUS POUR FOUTRE VOTRE PAGAILLE !
2

GROUPEZ-VOUS ET MONTEZ AU VILLAGE! ON VA STATUER SUR VOTRE SORT!
NOUS N'AVONS QUE FAIRE DE VOUS ICI!
SI VOUS AVEZ UN MÉTIER QUI PEUT NOUS ÊTRE UTILE, OU DE QUOI PAYER VOTRE SÉJOUR, DITES-LE! SINON, VOUS SEREZ EMPLOYÉS COMME SERVITEURS, OU VOUS IREZ CHERCHER FORTUNE AILLEURS!
PITIÉ, SEIGNEUR! LES GERMAINS ET LES ROMAINS NOUS ONT TOUT PRIS, ET...
JE SAIS! JE SAIS TOUT CELA! MAIS NOUS NE SOMMES PAS ASSEZ RICHES POUR FAIRE LA CHARITÉ À TOUS LES RÉFUGIÉS!
UN PAR UN, ÉNONCEZ VOS QUALITÉS!
RUTNIC! TONNELIER-CHARRON!
SOIT! TU NOUS SERVIRAS! AU SUIVANT!
DIS QUE TU ES MA FEMME, SINON, ILS VONT TE PRENDRE COMME ESCLAVE...
3

TOI !
MOI ? JE... JE SUIS OLVAC... ET JE SUIS PÊCHEUR !
HAHAHA !
HAHAHA !
HAHAHAHAHAHA
HA, HA !... ICI, TOUS SONT PÊCHEURS, ET NOUS N'AVONS QUE FAIRE D'UN SUPPLÉMENTAIRE ! ALORS... OU TU TRAVAILLES POUR NOUS SANS GAGES, OU TU VAS TE FAIRE VOIR PLUS LOIN !...
...ET CELLE-LÀ ! QUI EST-CE ?
EUHH... C'EST MA FEMME ! ELLE...
CE N'EST PAS VRAI !
SON ÉPOUSE ET SES ENFANTS SONT MORTS !
JE...
JE ME NOMME BOADICAË, CRÉTINS !
QUAND LES ROMAINS DÉBARQUERONT, VOUS AUREZ BESOIN DE TOUTES LES AIDES, BANDE DE RATS !
LES ROMAINS ? ICI ?! HA, HA, HA...
NE RIS PAS, IGNORANT ! TU NE SAIS PAS DE QUOI ILS SONT CAPABLES...
MOI, JE LES AI COMBATTUS ! J'AI VÉCU CHEZ EUX ! ET JE TE DIS QUE TU FERAIS MIEUX DE RENFORCER TES DÉFENSES PLUTÔT QUE DE RENVOYER CES GENS !
ELLE EST FOLLE !
QUI EST CETTE FILLE ?
TU OSES, PAUVRE GAMINE ?
JE SUIS UNE GUERRIÈRE, ET JE SAIS CE QUE JE DIS !
4

HA HA HA! UNE GUERRIÈRE... TOUT JUSTE BONNE À DONNER UN PEU DE PLAISIR À UN MÂLE... OUAIS!
CORNARDS!
QUEL EST TON NOM, DÉJÀ?
BOADICAE!
C'EST UN NOM DE CHEZ NOUS, ÇA...
JE SUIS D'ORIGINE BRETONNE!
TIENS, TIENS...
MMH... TU FERAS UNE PARFAITE SERVANTE!
SUIVANT!
JAMAIS! IL N'EN EST PAS QUESTION!
ALORS FOUS LE CAMP AVEC QUI TU VEUX...
... ET NE VIENS PLUS MENDIER NOS VIVRES!
J'AI DIT: AU SUIV...
HÉÉÉÉ! CETTE GAMINE NE MANQUE PAS D'APLOMB! ELLE MÉRITAIT MEILLEUR ACCUEIL!
HI, HI!...
DE QUOI TE MÊLES-TU, TOI, LE BATELEUR?!
5

HU! HU!
ELLE A PEUT-ÊTRE RAISON, LA FILLE... TES HOMMES SONT MOUS!
ET SI DES ENVAHISSEURS DÉBARQUENT, CE N'EST PAS SUR EUX QU'IL TE FAUDRA COMPTER POUR LES REJETER À L'EAU!
QUE... QUOI ?!
POUR QUI TE PRENDS-TU, TOI? NOUS... NOUS N'AVONS QUE FOUTRE DE TES AVIS, ET NOUS...
ATTENDS!
PFFU!
NOUS LANÇONS UN DÉFI À TES RAMOLLIS! CE SERA UN JEU D'ENFANTS, À UN CONTRE TROIS! ET NOUS PARIONS!
TU VEUX DIRE QUE... TROIS DE MES GUERRIERS AFFRONTENT CHACUN DE VOUS TROIS?
DIX PIÈCES D'ARGENT ET NOURRITURE CONTRE UNE LUNE DE SERVAGE POUR CHACUN... MARCHÉ CONCLU!
SFFLURP!
RHIIII...
HA HA! JE SUIS CURIEUX DE VOIR ÇA!...
ÉCARTEZ-VOUS!
OUIIII...

HI HI HI HI HI !
AAGH!
OOUGH!
YEEP!
OUCH!
PAS UN PAR UN ! SAUTEZ-LEUR DESSUS TOUS ENSEMBLE !
GUILIII...
DEUX SUR CHAQUE ! ET TOUS LES AUTRES SUR LE COLOSSE !
URFF!
HUMFF!
GHH...
SPROTCH !
AAGH!
HA HA HA ! ILS SONT FORMIDABLES !
7

HI HI HI...
OOOOOH!
HU HU HU!
HOWG!
POOF
YEEP!
BRAVO! HOURRA!
SUPERBE!
BRAVO! BRAVO!
OUAIIIS!
AAGH!
URFF...
ÇA VA! ÇA SUFFIT! ASSEZ!
ARRÊTEZ LE MASSACRE! VOUS AVEZ GAGNÉ VOTRE PITANCE!
8

BRAVO!
OUAAAH...
VIVE LES BATELEURS!
HI HI...
HOURRA!
À MANGER, MAINTENANT!
POUR VOUS TROIS, OUI! MAIS PAS POUR CES GUEUX! OUSTE! QU'ILS QUITTENT CE VILLAGE!
HÉÉ! ATTENDEZ! CEUX-LÀ SONT NOS INVITÉS! TU NE VAS PAS LES JETER LE VENTRE VIDE SUR LES ROUTES DE BRETAGNE...
...ALORS QU'ILS ONT TOUT PERDU!?
MERCI, L'AMI...
JE ME NOMME YORC... ET VOICI PETIT-HOMME ET BEAU-VISAGE...
HI HI HI...
MOI, JE SUIS BOADICAÉ! FÉLICITATIONS... VOUS ÊTES HABILES...
OUI, N'EST-CE PAS?
HUM... JE NE SAIS SI VOUS FERIEZ AUTANT ILLUSION DANS LES ARÈNES DE ROME! LÀ-BAS, LES GLADIATEURS SONT DES ARMES VIVANTES! DE VÉRITABLES MACHINES À TUER...
NOUS SAVONS FAIRE CELA AUSSI... MAIS NOUS PRÉFÉRONS LE FUNAMBULISME ET LES BAGARRES POUR RIRE! RIEN NI PERSONNE NE NOUS POUSSE À TUER!
MMH... ÇA VIENDRA!

HA HA ! POURQUOI LES ROMAINS VIENDRAIENT-ILS JUSQU'ICI ? ILS ONT TOUTE LA GAULE À DÉVORER, ET AVEC LE PAYS DES VÉNÈTES* ILS AURONT UN OS EN TRAVERS DE LA GORGE !
WOORGL...
VOUS NE CONNAISSEZ PAS LEUR GÉNÉRAL COMME MOI JE LE CONNAIS ! SON APPÉTIT EST INSATIABLE...
* LE MORBIHAN.
S'IL Y A DES DIEUX QUELQUE PART, ILS M'ONT DONNÉ UNE MISSION SUR CETTE TERRE...
MAIS J'AI VAINEMENT TENTÉ DE PRÉVENIR TOUS LES GAULOIS QUE J'AI RENCONTRÉS DE CE QUI LES ATTENDAIT...
GOORRGLL...
SCROCH...
MAINTENANT, L'IRRÉPARABLE EST ACCOMPLI ! MAIS ICI, EN BRETAGNE, IL EST ENCORE TEMPS, ET NOUS DEVONS NOUS PRÉPARER...
ELLE EST FOFOLLE... HI HI HI !
BRUUURP !
BAH ! BALIVERNES, TOUT ÇA ! ALLEZ ! NOUS, NOUS PARTONS !...
... ET BON COURAGE, LA FILLE !
HI HI HI HI !
TU VIENS AVEC MOI ? JE... NOUS...
NON... J'AI PLUS URGENT À FAIRE... JE VAIS SUIVRE CES BATELEURS ET PORTER MON MESSAGE DE FERMES EN VILLAGES ! ET TOI, BRAVE HOMME ?
JE VAIS TÂCHER DE TROUVER UN AUTRE VILLAGE DE PÊCHEURS...
... QUI VOUDRA BIEN M'ACCUEILLIR...
JE ME SOUCIE DE TOI ! JE... TIENS ! PRENDS MON POIGNARD, ET...
SOIS TRANQUILLE ! JE SAIS OÙ JE VAIS...
10

YORC ! RE-GARDE QUI NOUS SUIT ! HI HI...
?!!
QUE NOUS VEUX-TU, LA FILLE ?
LES ROUTES SONT LIBRES... ET JE VAIS DANS LE MÊME SENS QUE VOUS !
PAS DE BLAGUES, GAMINE ! DIS PLUTÔT QU'ON T'INTÉRESSE...
TU ES BIEN SUFFISANT, TOI ! MAIS APRÈS TOUT... POURQUOI NE ME PRENDRIEZ-VOUS PAS AVEC VOUS ? JE...
AH ÇA, POUR TE PRENDRE, JE VAIS TE PRENDRE ! HI HI HI HI !
NON ! PAS DE ÇA, BEAU-VISAGE !
PFFOUUU...!!!
JE SAIS ME DÉFENDRE ! JE PEUX ME BATTRE, SI VOUS M'APPRENEZ ! UNE COMBATTANTE SERAIT UNE ATTRACTION SUPPLÉMENTAIRE À VOTRE SPECTACLE, ET...
TU N'ES PAS À LA HAUTEUR, LA FILLE...
HOOUU... YOU YOU...
SI J'AI RÉUSSI À METTRE L'UN DE VOUS À TERRE, POURQUOI N'Y ARRIVERAIS-JE PAS À NOUVEAU ?
PAS EN COMBAT SINGULIER !
ON PARIE ?
11

SI JE METS L'UN DE VOUS HORS DE COMBAT, JE VOUS ACCOMPAGNE ! D'ACCORD ?
SOIT ! VAS-Y... ESSAYE !
VOILÀ ! ACCEPTEZ-MOI, OU JE LUI TRANCHE LA GORGE !
GU ?...
TU ES TRÈS MALIGNE... MAIS JE NE TE CONSEILLE PAS DE RECOMMENCER, CAR PETIT-HOMME POURRAIT T'ÉCRASER COMME UNE SOURIS SOUS SON PIED...
OUILLE...
POURQUOI VENIR AVEC NOUS, LA FILLE ? QUEL EST TON BUT ?
JE VEUX POUVOIR PARLER DE LA MENACE ROMAINE DANS TOUS LES VILLAGES !
BOF...
...EN ROUTE !
UFF...
PROFITONS DE CETTE PAUSE POUR T'ENTRAÎNER UN PEU...
ALLEZ... ATTAQUE-MOI !

?!
TU VOIS... IL FAUT TOUJOURS TE SERVIR DE L'ÉLAN DE TON ADVERSAIRE POUR ESQUIVER ET LE DÉSÉQUILIBRER... HOP!
ET ENSUITE... TU DISPOSES DE LUI!
MMH...
HOOGH!
TOG
DITES-VOUS BIEN QUE JE NE SUIS PAS AVEC VOUS POUR FORNIQUER COMME UNE TRUIE! ÇA NE M'INTÉRESSE PAS!
APPRENEZ-MOI À ME BATTRE! C'EST TOUT!
HA HA HA HA!
BRAVO, LA FILLE! TU FAIS DES PROGRÈS STUPÉFIANTS!
VOILÀ UN VILLAGE... VOYONS SI TU SERAS À LA HAUTEUR...
OHÉE! OHEEÉ! REGROUPEZ-VOUS, BRAVES GENS! LES BATELEURS SONT ARRIVÉS POUR VOUS DISTRAIRE DE VOS JOURS DE DURS LABEURS!
13

OUI ! VOUS NOUS AVEZ DÉJÀ VUS, MES AMIS ! ET VOUS SAVEZ QUELS DÉFIS NOUS POUVONS RELEVER !
YIIP ! YIIP !
MAIS CE JOUR, VOICI UNE NOUVEAUTÉ !
BOADICAË ! LA GUERRIÈRE QUI NOUS VIENT DE LA LOINTAINE ROME... OÙ ELLE A COMBATTU DANS LE GRAND CIRQUE !
QUELLE FEMELLE, ICI, OSERA L'AFFRONTER ?
CETTE GRINGALETTE DANS LES ARÈNES ? POUAH ! C'EST UNE PLAISANTERIE !
HI HI HI...
RRHÂÂ !
HOWGH !
OOUUUJUAAAAARRGH !
14

UFF... ÇA... ÇA N'A PAS ÉTÉ FACILE...
EH OUI... C'EST DUR DE GAGNER SA PITANCE...
ATTENDEZ, BRAVES GENS ! J'AI À VOUS PARLER !
CE DEVRAIT ÊTRE ELLE...
BRAVO !
HOURRA !
VOUS SAVEZ CE QUI SE PASSE DE L'AUTRE CÔTÉ DE LA MER ! LES ROMAINS ONT ENVAHI TOUTE LA GAULE...
...ET VOS COUSINS SONT TOMBÉS SOUS LE JOUG !
PRENEZ GARDE !
BIENTÔT, VOUS VERREZ LES GALÈRES ROMAINES ABORDER VOS RIVAGES ET DÉVERSER LEURS LÉGIONS SUR VOS PLAGES !
ILS NE TRAVERSERONT JAMAIS LA MER ! OU ALORS... QU'ILS Y VIENNENT !
TOUS LES GAULOIS NE SONT PAS ASSERVIS ! BEAUCOUP SONT LES ALLIÉS DE ROME !
CE SONT LEURS PROBLÈMES !
BIEN FAIT POUR EUX ! IL N'Y A JAMAIS EU D'ORDRE EN GAULE !
CONTENTE-TOI DE JOUTER, LA FILLE !
TU VOIS ! JE T'AVAIS DIT QUE ÇA NE SERVIRAIT À RIEN...
HiHiHi...
C'EST LE MÉTIER QUI RENTRE...
AVEC LE TEMPS, TU PRENDRAS DE MOINS EN MOINS DE COUPS...
AÏÏÏÏEE...
...OU TU NE LES SENTIRAS PLUS !
15

MMMH...
ARRGH!
BON SANG! JE T'AVAIS DIT DE NE PAS LA TOUCHER!
HUUU?!..
VA PASSER TES ENVIES AILLEURS, BEAU-VISAGE! COURS TE DÉGORGER AU VILLAGE ET LAISSE-NOUS DORMIR, PAR TOTATES!
HOOGH!
SPROGH!
HUMFF... JE... JE SAVAIS QU'ELLE NOUS CRÉERAIT DES ENNUIS... UNE FEMME AU MILIEU ET... ET PLUS RIEN NE VA... HUMFF... UFF...
JE SUIS DÉSOLÉ, BOADICAÉ... IL NE T'IMPORTUNERA JAMAIS PLUS! J'Y VEILLERAI...
MERCI... TU ES GENTIL...
QUOIQUE... TU SAIS... JE... JE LE COMPRENDS! MOI-MÊME... J'AI DU MAL À RÉSISTER À... À TES CHARMES, ET...
NE DIS RIEN D'AUTRE, YORC... PAS POUR L'INSTANT... AVEC LE TEMPS, JE CHANGERAI...
PUTAIN! PUTAIN DE PUTAIN DE...
PUT... ?!?
16

HÉ! QU'EST-CE QUE TU MIJOTES LÀ, TOI? VIENS UN PEU PAR ICI!
NON! NON! JE N'AI RIEN FAIT! OUPS...
JE... JE SUIS UN VOYAGEUR! JE DORMAIS LÀ... C'EST TOUT...
TU TE FOUS DE MOI? TU VOULAIS RELUQUER LA FILLE, HEIN DIS, VIEUX SALAUD!
B... BOADICA... EUH... NON... JE... JE...
ALLEZ! AVOUE, OU JE TE DÉCOUPE EN TRANCHES!
BEN OUI... JE... JE ME SUIS APPROCHÉ... PAR CURIOSITÉ! CETTE FILLE... BOADICÆ... IL Y A UNE DIZAINE D'ANNÉES...
... J'ÉTAIS CAPTIF CHEZ LES ICÉNIENS...*
* ANCÊTRES DES ÉCOSSAIS PICTES.
...LEUR CHEF VENAIT ALORS DE PERDRE SA FEMME, MORTE EN ACCOUCHANT D'UN HÉRITIER MÂLE MORT-NÉ...
...SI BIEN QU'UN DEMI-FRÈRE DE CE CHEF, ÉVOQUANT JE NE SAIS QUELLE MALÉDICTION, ET AVEC L'AIDE DE DRUIDES, LE DÉPOSA...
...ON RACONTA QUE LE CHEF ICÉNIEN DÉCHU S'ENFUIT AVEC SA FILLE AINÉE...
...LES SBIRES DE SON DEMI-FRÈRE LE RATTRAPÈRENT AU TERME D'UNE GALOPADE EFFRÉNÉE, PRÈS D'UN PORT... LA FILLE AVAIT DISPARU! IL L'AVAIT CONFIÉE À UN MARIN QU'ON NE REVIT JAMAIS, DIT-ON...
17

* RÉGION DU BOSPHORE EN ASIE MINEURE.

SI AMBRE IGNORE QU'ELLE PEUT PRÉTENDRE À UN ROYAUME, UNE DE SES CONNAISSANCES EMPLOIE TOUTE SON ÉNERGIE À LA RECONQUÊTE DU SIEN...
C'EST LE PRINCE CELTILL !
CRIE VIVE CELTILL...
CRIE DONC ! ILS SERAIENT CAPABLES DE TE COUPER LA TÊTE !
IL REVIENT AVEC UNE ARMÉE !
À GERGOVIE !
À GERGOVIE ! À GERGOVIE !
TON ONCLE S'Y EST RETRANCHÉ ! IL NE SERA PAS AISÉ DE L'EN EXTRAIRE ET DE PRENDRE L'OPPIDUM...
NOUS N'AVONS PAS UNE ARMÉE FORMIDABLE...
REGARDE AUTOUR DE TOI, CRITOVAX ! LE PEUPLE VA SE JOINDRE À NOUS ! GERGOVIE TOMBERA COMME UN FRUIT MÛR...
MMH... IL VAUDRAIT PEUT-ÊTRE MIEUX TENTER UNE NÉGOCIATION AVANT DE LANCER UNE ATTAQUE MEURTRIÈRE, ET...
JE NE VAIS PAS ME RISQUER DANS CE COUPE-GORGE ! MON ONCLE FERAIT FI D'UNE TRÊVE S'IL AVAIT L'OPPORTUNITÉ DE M'ASSASSINER...
19

HOOOO!..
BON... TU VEUX ALLER DISCUTER... SUR QUELLES BASES ?
TU LAISSES PARTIR TON ONCLE AVEC LE TRÉ-SOR QU'IL A DU AMAS-SER, ET IL T'ABANDONNE LA CITÉ INTACTE...
...AUCUNE PERTE DE CHA-QUE CÔTÉ !
PAR BELENOS ! PFFUU.. VOILÀ DE SACRÉES DÉFENSES !
LE LAISSER FUIR AVEC TOUT CE QU'IL A VOLÉ À MON PÈRE ET AU PEUPLE ?
IL NE CÈ-DERA PAS POUR MOINS !
SOIT...
20

JE SUIS L'AMBASSADEUR DU PRINCE CELTILL ! JE DEMANDE À PARLER À GOBANICIO !
JE SUIS GOBANICIO !
CLODUAR... JE CRAINS POUR CRITOVAX... MON ONCLE EST CAPABLE DE TOUT !
PRÉPAREZ-VOUS AU COMBAT ! ON NE SAIT JAMAIS !
CELTILL, MON NEVEU... N'OSERAIS-TU VENIR SALUER TON ONCLE ?
ALLONS, CELTILL ! VIENS... APPROCHE...
OUI...
!?!
HÉ !?
ME VOICI...
TONK TONK
LE TRAÎTRE !
21

PIED À TERRE ! FAITES GARDER LES CHEVAUX PAR DES PAYSANS RALLIÉS ET DONNEZ L'ASSAUT !
MON PRINCE COMMANDE !
À LA HACHE ET AUX ÉCHELLES ! SUS À CES LÂCHES ! À L'ASSAUT !
PAR TEUTATÈS ! POUR CELTILL ! YAAAAAH !
EN AVANT !
YAAAAAAAAAH !
AAAGH !
YAAAH !

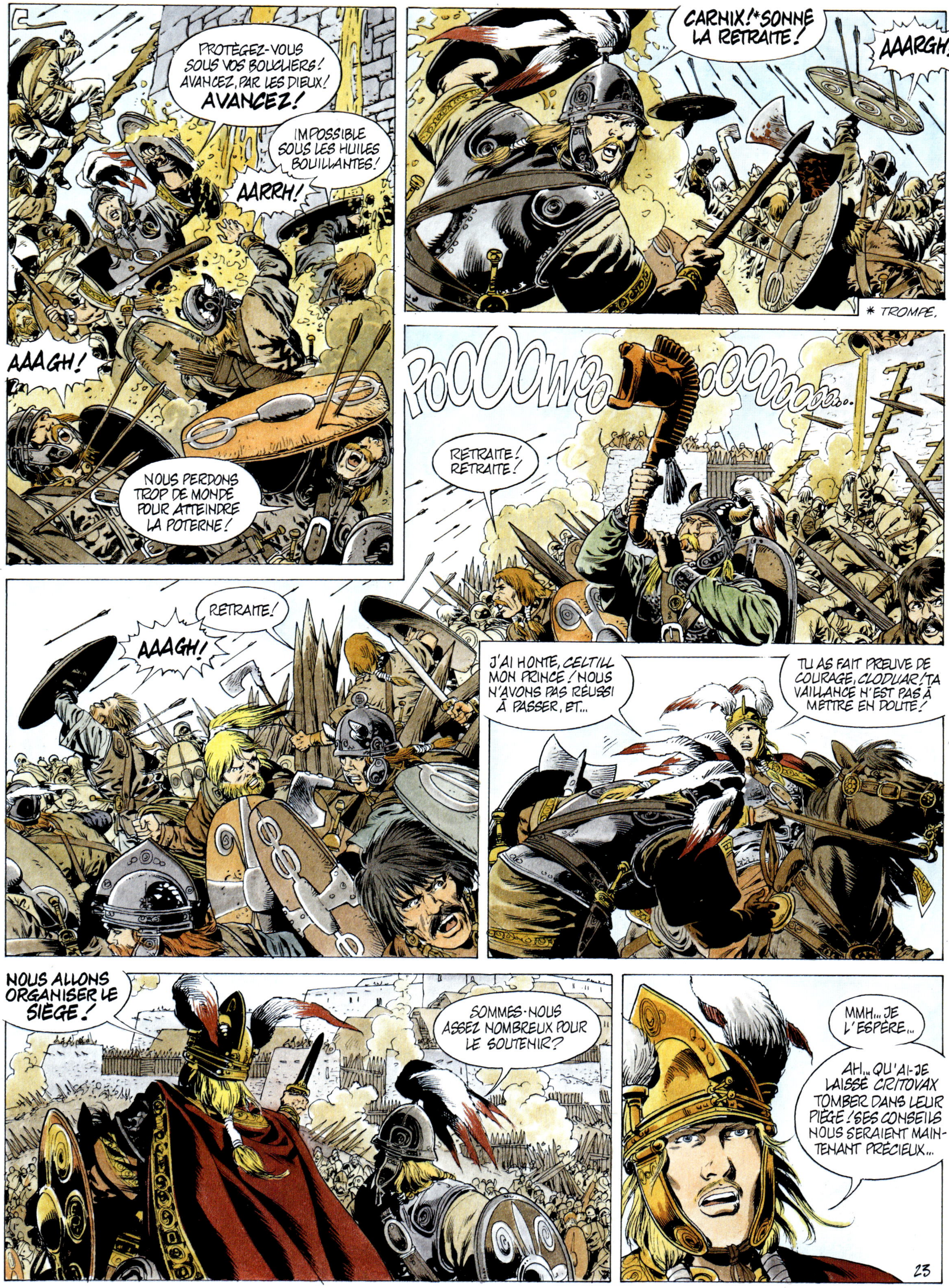
PROTÉGEZ-VOUS SOUS VOS BOUCLIERS ! AVANCEZ, PAR LES DIEUX ! AVANCEZ !
IMPOSSIBLE SOUS LES HUILES BOUILLANTES !
AARRH !
AAAGH !
NOUS PERDONS TROP DE MONDE POUR ATTEINDRE LA POTERNE !
CARNIX !* SONNE LA RETRAITE !
AAARGH !
* TROMPE.
POOOOWOOOOOOOOOooo...
RETRAITE ! RETRAITE !
RETRAITE !
AAAGH !
J'AI HONTE, CELTILL MON PRINCE ! NOUS N'AVONS PAS RÉUSSI À PASSER, ET...
TU AS FAIT PREUVE DE COURAGE, CLODUAR ! TA VAILLANCE N'EST PAS À METTRE EN DOUTE !
NOUS ALLONS ORGANISER LE SIÈGE !
SOMMES-NOUS ASSEZ NOMBREUX POUR LE SOUTENIR ?
MMH... JE L'ESPÈRE...
AH... QU'AI-JE LAISSÉ CRITOVAX TOMBER DANS LEUR PIÈGE ! SES CONSEILS NOUS SERAIENT MAINTENANT PRÉCIEUX...
23

OUI... CRITOVAX AURAIT SU...
POURVU QUE LES PAYSANS QUI NOUS APPUIENT, NE SE DÉCOURAGENT PAS...
... SINON, À LA MOINDRE SORTIE, LES DÉFENSEURS ENFONCERONT NOS LIGNES TROP MINCES...
COMMENT AGIR?
PRINCE... LEVONS LE CAMP CONTRE LA LIBÉRATION DE CRITOVAX!
NON! JAMAIS! NOUS TROUVERONS UN MOYEN...
ALLEZ! ET LAISSEZ-MOI MÉDITER!
QUE FERAIT LE GÉNÉRAL ROMAIN ?... QUELLE SOLUTION TROUVERAIT-IL ?...
PAR ESUS! LE BOIS! OUI... C'EST LE BOIS QUI MANQUE LE MOINS!
CLODUAR! DEBOUT! J'AI TROUVÉ!
GRMMBL...
24

CES RUMEURS, DANS LA FORÊT... QUE FONT-ILS ? ILS ABATTENT DES ARBRES ?
OUI... ILS VONT CERTAINEMENT DRESSER DES FORTIFICATIONS POUR METTRE LE SIÈGE...
...OU FABRIQUER DES ENGINS D'ASSAUT !
PUTASSERIE ! IL NE FAUT PAS LEUR LAISSER LE TEMPS DE LES ASSEMBLER OU DE MONTER DES PALISSADES ! NOUS FERONS UNE SORTIE POUR Y BOUTER LE FEU ! ET NOTRE ESPION ?!...
L'AUBE SE LÈVE... IL DEVRAIT DÉJÀ SE PRÉSENTER DEVANT TOI, GOBANICIO...
HÉÉE, TOI, LÀ-BAS ! OÙ VAS-TU ?
CE FAUX-CUL S'ENFUIT VERS L'OPPIDUM !
ATTRAPEZ-LE, PAR LES DIEUX !
YAAAAH !
HA HA HA ! VOUS POUVEZ TOUJOURS COURIR, BANDE DE CREVURES !
YAAAAH !
HÉÉÉ ?!
SHTOG
25

RRHAN!
TU ALLAIS QUELQUE PART, BLAIREAU?
SHRAAK
EUH... DÉSOLÉ, MON PRINCE... DÉSOLÉ...
TU NE PEUX PAS TAPER MOINS FORT? IL EST MORT, ET ON AURAIT PU LE FAIRE PARLER!
MAIS QUE PRÉPARENT-ILS?
ORGANISEZ UNE SORTIE, ET NOUS LE SAURONS BIEN!
REGARDEZ!
POUAH! CES CHIENS ME DONNENT UNE IDÉE QUI LES FORCERA À BOUGER...
26

QUE LES ARCHERS SE TIENNENT PRÊTS...
ATTENDEZ, GUERRIERS! ATTENDEZ!
VENEZ CHERCHER CE PRÉSENT POUR CELTILL!
YAAAH!
MON PAUVRE CRITOVAX...
VENGEONS-LE!
PARTONS À L'ASSAUT!
NON! NON! DU CALME! CRITOVAX VOUS LE DIRAIT! NOUS ATTAQUERONS LORSQUE TOUT SERA PRÊT!
À L'ASSAUT!
VENGEANCE!
GOBANICIO, ORDURE DE TRAÎTRE!
ET LÀ... JE VOUS JURE SUR TARANIS QU'ILS ME PAIERONT TOUT...
27

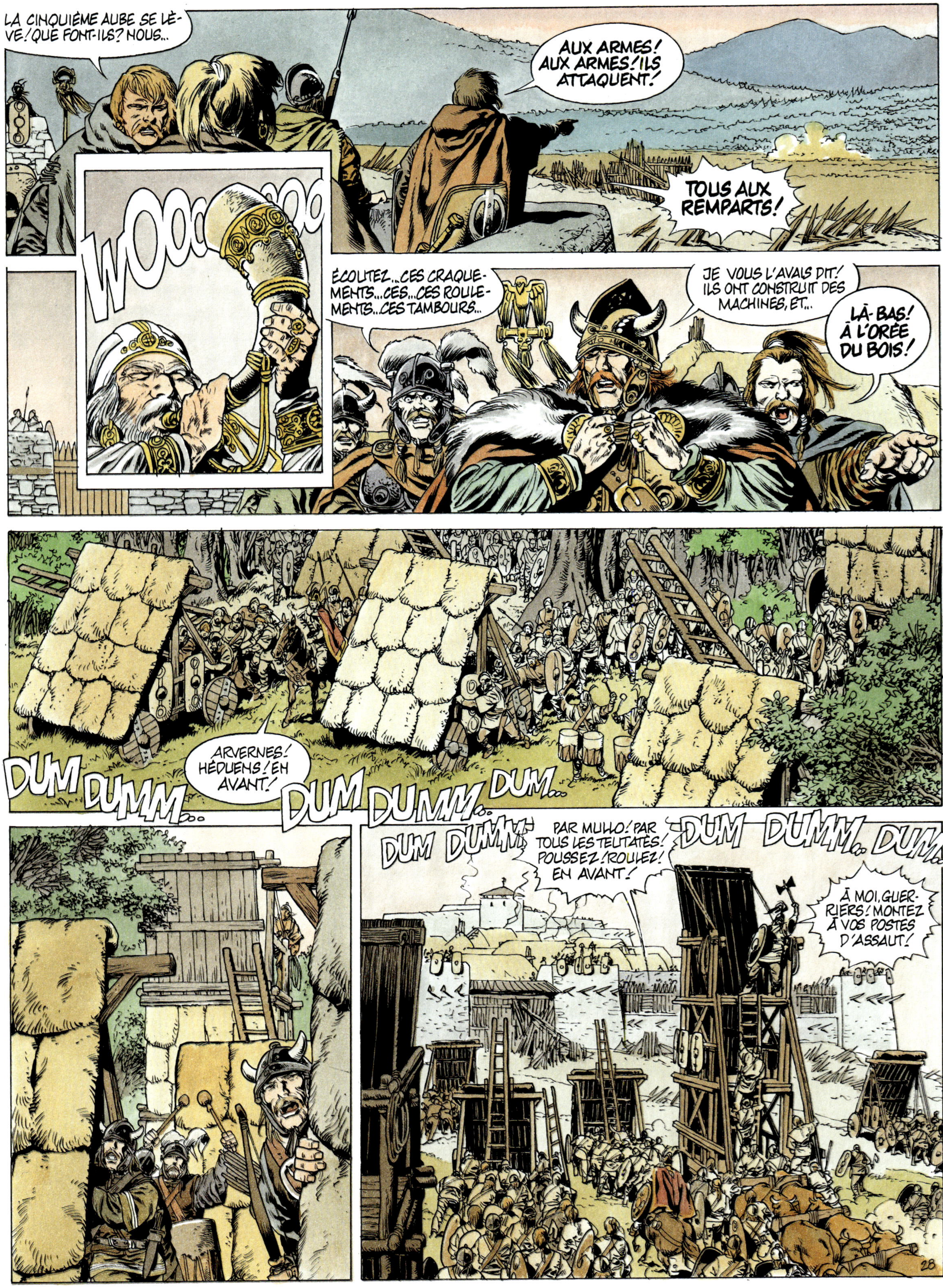
LA CINQUIÈME AUBE SE LÈVE! QUE FONT-ILS? NOUS...
AUX ARMES! AUX ARMES! ILS ATTAQUENT!
TOUS AUX REMPARTS!
WOOOOOOOO
ÉCOUTEZ... CES CRAQUEMENTS... CES... CES ROULEMENTS... CES TAMBOURS...
JE VOUS L'AVAIS DIT! ILS ONT CONSTRUIT DES MACHINES, ET...
LÀ-BAS! À L'ORÉE DU BOIS!
DUM DUMM...
ARVERNES! HÉDUENS! EN AVANT!
DUM DUMM.. DUM...
DUM DUMM
PAR MULLO! PAR TOUS LES TEUTATÈS! POUSSEZ! ROULEZ! EN AVANT!
DUM DUMM.. DUM...
À MOI, GUERRIERS! MONTEZ À VOS POSTES D'ASSAUT!
28

ABAISSEZ LE PONT-LEVIS! POUR CELTILL... À L'ASSAUT!
YAAAAH!
AAAGH!
HUAARRR!
BASCULEZ! CALEZ ET GRIMPEZ!
RHAAAA...
À LA TOUR! SUIVEZ-MOI! YAAAAH!
HURRGL...

SLAMM
NOTRE ROI?... OÙ EST PASSÉ NOTRE ROI?
IL... IL EST PARTI!?
AARGH!
GOBANICIO S'EST ENFUI!
MAIS...
L'INFÂME! LE LÂCHE! IL NOUS A TRAHIS!
PITIÉ! PITIÉ!
PAR LES TEUTATÈS... PITIÉ!
CELTILL! CELTILL!
LONGUE VIE À CELTILL!
CELTILL!
VIVE LE PRINCE! VIVE LE ROI!
OÙ EST CE RAT?
BOMM
30

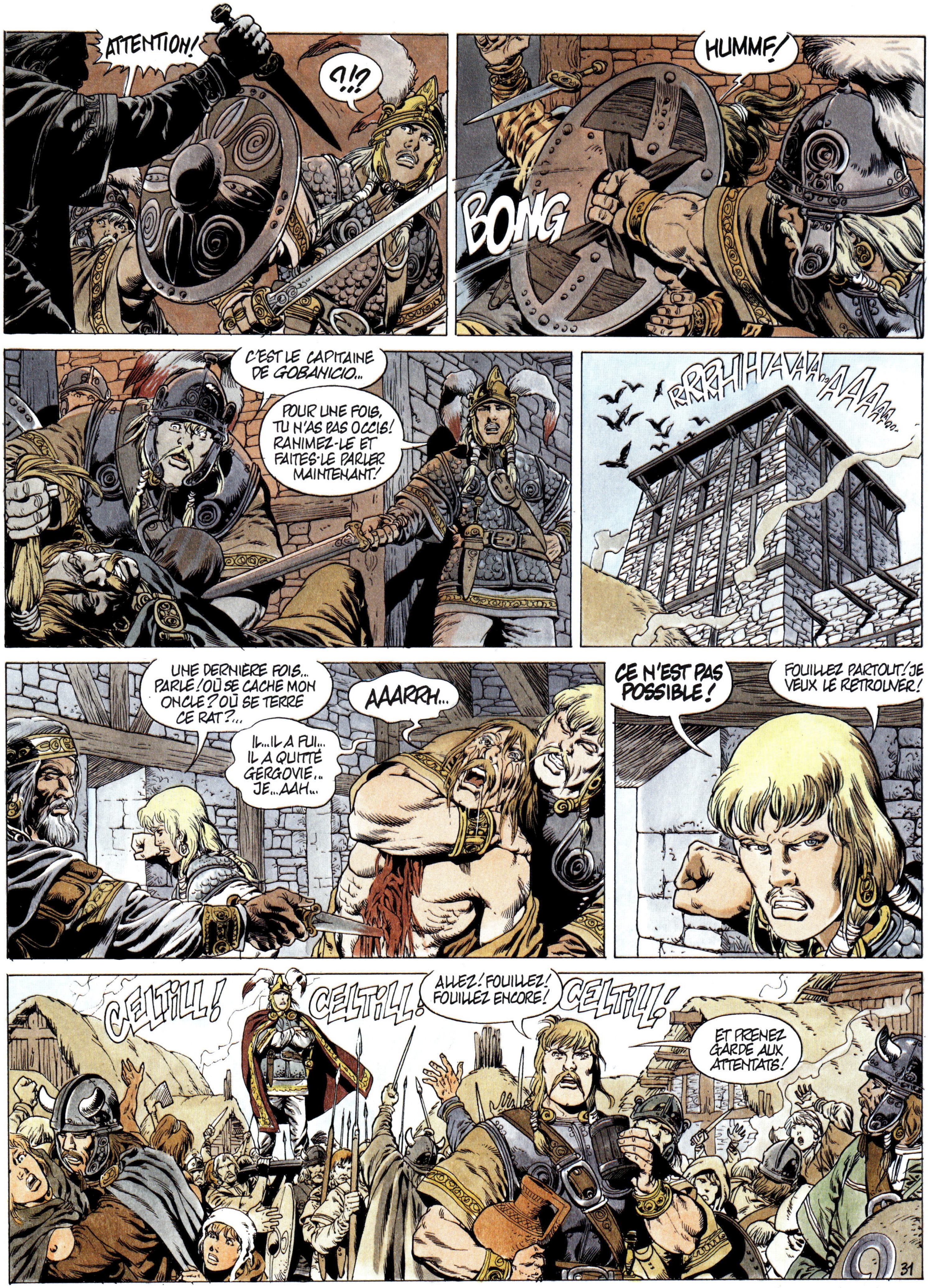

ATTENTION!
?!!?
HUMMF!
BOING
C'EST LE CAPITAINE DE GOBANICIO...
POUR UNE FOIS, TU N'AS PAS OCCIS! RANIMEZ-LE ET FAITES-LE PARLER MAINTENANT!
RRRHHAAAA...AAAAA...
UNE DERNIÈRE FOIS... PARLE! OÙ SE CACHE MON ONCLE? OÙ SE TERRE CE RAT?...
IL...IL A FUI... IL A QUITTÉ GERGOVIE... JE...AAH...
AAARRH...
CE N'EST PAS POSSIBLE!
FOUILLEZ PARTOUT! JE VEUX LE RETROUVER!
CELTILL!
CELTILL!
ALLEZ! FOUILLEZ! FOUILLEZ ENCORE!
CELTILL!
ET PRENEZ GARDE AUX ATTENTATS!

AAAH... MON BÉBÉ... RENDEZ-MOI MON ENFANT !
HIPS !
OUUIIIN...
VIENS PAR ICI, MA MIGNONNE !
BEUUAH...
HEIN ?! QUE... PAR BELENOS... HIPS...
LÀ ! LÀ ! C'EST... C'EST LUI ! C'EST GOBANICIO !
REGARDEZ ! IL S'EST RASÉ LA MOUSTACHE !
MON BÉBÉ !
OUIIINN...
HIPS...
GOBANICIO ! ON A RETROUVÉ GOBANICIO !
CLODUAR ! RETIENS-LE !
MAIS...
POUAH ! MON ONCLE DÉGUISÉ EN FEMELLE... HONTE À TOI !
JE T'EN SUPPLIE, CELTILL... PITIÉ !
OUI, GOBANICIO... CETTE MÊME PITIÉ QUE TU AS EUE POUR MON PÈRE...
...UNE BELLE CAGE COMBUSTIBLE !
UUAAAAAAAAARRHH !!
AINSI CELTILL RECONQUIT-IL SA CAPITALE ET VENGEA-T-IL SON PÈRE ET CRITOVAX, SON MENTOR...
PUIS IL PROMIT À SES SUJETS ARVERNES ET À SES ALLIÉS HÉDUENS QUE SON RÈGNE AUGURERAIT DÉSORMAIS UNE LONGUE PÉRIODE DE PAIX ET DE PROSPÉRITÉ...

ELLE A BESOIN D'UNE NOURRICE... SINON, ELLE NE SURVIVRA PAS...
OUEEENN...
POUAH! NE M'ÉCHAUFFE PAS LES OREILLES AVEC CE CHIARD... OU JE VOUS FAIS ÉGORGER TOUS LES DEUX!
QUEL SERAIT TON INTÉRÊT DE NOUS OCCIRE?
BEEUUH...
MMH... ÉVITER LES ENNUIS...
N'OUBLIE PAS, DIDIUS... TU EN AURAIS CENT FOIS PLUS SI CÉSAR NE ME VOYAIT PAS REVENIR...
PESTE! QU'EN SAURAIT-IL? IL CRÈVE DES CENTAINES D'INUTILES TOUS LES JOURS, ET DES NOUVEAUX-NÉS ENCORE PLUS! HA HA!
MAIS... QUI TE DIT QUE CET ENFANT N'EST PAS D'ESSENCE DIVINE?
QUE... !?!?
33

QU'EST-CE QUE C'EST QUE CETTE FABLE? PAR LE CUL DE VÉNUS! NE TE MOQUE PAS DE MOI, SINON JE...
...QUI TE DIT QU'ELLE N'EST PAS L'ENFANT DE CÉSAR?... LEQUEL, TU LE SAIS, DESCEND JUSTEMENT DE VÉNUS PAR ÉNÉE...
JE... JE VAIS TE TUER, SI TU CONTINUES! LA PETITE PUTE BRETONNE N'A JAMAIS ÉTÉ LA MAITRESSE DE CÉSAR! COMMENT TU...
ELLE EST RESTÉE PLUSIEURS MOIS DANS SON CAMP... ET IL LA CONNAISSAIT DEPUIS UN CERTAIN BANQUET, À ROME! *
* TOME I : LE BANQUET DE CRASSUS.
BAH! CE BÉBÉ PEUT ÊTRE DE N'IMPORTE QUI! OUI... IL EST SANS DOUTE DE SON AMANT! CE... CE SALE BÂTARD QUI M'A CREVÉ L'OEIL!
JE TE DIS QUE CÉSAR RECHERCHE AMBRE PARTOUT! ET SI NOUS LUI RESTITUONS SON ENFANT, IL NOUS COUVRIRA D'OR...
GUILI LI...
HUÉE.. BÉE...
MOUAIS... JE SAIS QUE CE SONT DES HISTOIRES...
MAIS...
VOIS LE PARTI QUE TU PEUX EN TIRER, DIDIUS! EN ATTENDANT, IL FAUT UNE NOURRICE À LA PETITE BOADICAË...
CHOISIS-EN UNE PARMI LES CAPTIVES! LES JEUNES VEUVES NE DOIVENT PAS MANQUER! HA HA!
MON... MON ENFANT...
MON BÉBÉ...
TUEZ-MOI... LA... LA VIE N'A PLUS AUCUN SENS POUR MOI... SMFF...
WAS?
34

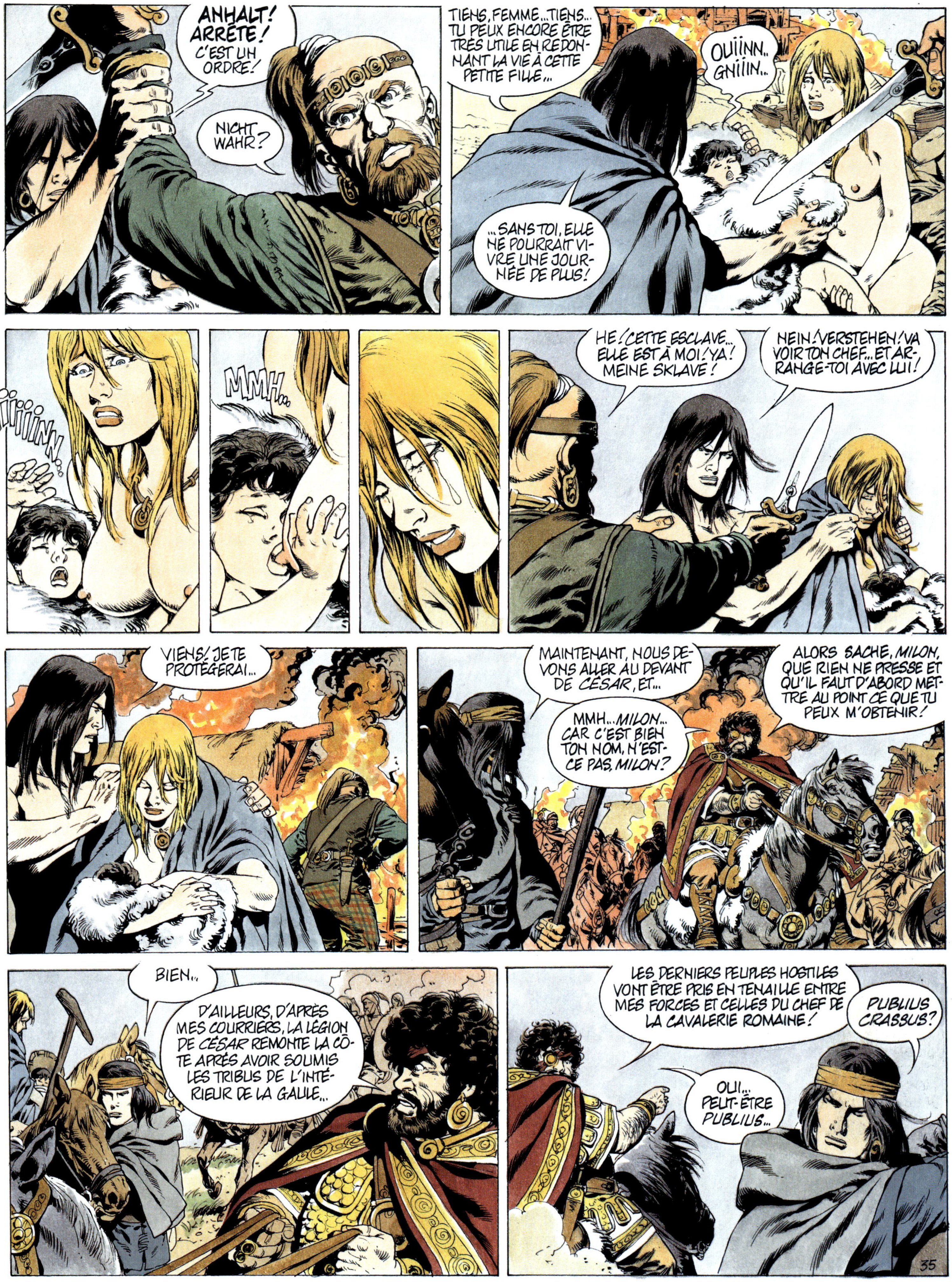
ANHALT! ARRÊTE! C'EST UN ORDRE!
NICHT WAHR?
TIENS, FEMME... TIENS... TU PEUX ENCORE ÊTRE TRÈS UTILE EN REDONNANT LA VIE À CETTE PETITE FILLE...
OUIINN... GNIIIN...
...SANS TOI, ELLE NE POURRAIT VIVRE UNE JOURNÉE DE PLUS!
OOIIIIIINN...
MMH...
HE! CETTE ESCLAVE... ELLE EST À MOI! YA! MEINE SKLAVE!
NEIN! VERSTEHEN! VA VOIR TON CHEF... ET ARRANGE-TOI AVEC LUI!
VIENS! JE TE PROTÉGERAI...
MAINTENANT, NOUS DEVONS ALLER AU DEVANT DE CÉSAR, ET...
MMH... MILON... CAR C'EST BIEN TON NOM, N'EST-CE PAS, MILON?
ALORS SACHE, MILON, QUE RIEN NE PRESSE ET QU'IL FAUT D'ABORD METTRE AU POINT CE QUE TU PEUX M'OBTENIR!
BIEN...
D'AILLEURS, D'APRÈS MES COURRIERS, LA LÉGION DE CÉSAR REMONTE LA CÔTE APRÈS AVOIR SOUMIS LES TRIBUS DE L'INTÉRIEUR DE LA GAULE...
LES DERNIERS PEUPLES HOSTILES VONT ÊTRE PRIS EN TENAILLE ENTRE MES FORCES ET CELLES DU CHEF DE LA CAVALERIE ROMAINE!
PUBLIUS CRASSUS?
OUI... PEUT-ÊTRE PUBLIUS...
35

QU'ATTENDS-TU POUR INTERVENIR?
QUE LES ROMAINS SOUFFRENT UN PEU PLUS! HA HA! ILS N'EN APPRÉCIERONT QUE MIEUX NOTRE AIDE!
ALLEZ! MAINTENANT! VORWÄRTS! SCHNELL!
NON! NON! TOI, TU RESTES ICI, AVEC MOI!
YAAAAARRH!
36

MAIS... NOUS N'ALLONS PAS NOUS PRÉSENTER À PUBLIUS
EUH... JE NE TIENS PAS À LE RENCONTRER! NI LUI, NI MÊME CÉSAR...
...EN TOUT CAS PAS AVANT QUE TU NE LUI AIES ARRACHÉ TOUS LES POUVOIRS ET AVANTAGES QUE JE T'AI DEMANDÉS!
MAIS ATTENDS! NE CROIS PAS QUE TU VAS PARTIR COMME CELA! HAHAHA! IL TE SERAIT TROP FACILE DE TE JOUER DE MOI!
JE GARDE LE BÉBÉ ET SA NOURRICE EN GARANTIE DE TA BONNE FOI!
BEEUÉÉ...
MMH... JE... COMME TU L'ENTENDS...
MILON! TOI, AVEC DES GERMAINS?
AVE, PUBLIUS CRASSUS!
ILS M'ONT CAPTURÉ, ET LEUR CHEF NE M'A RELÂCHÉ QUE SOUS CERTAINES CONDITIONS...
LEUR CHEF... EST-CE TOUJOURS CE BORGNE MYSTÉRIEUX?
OUI! NOTRE VIEILLE CONNAISSANCE, L'INTENDANT DE TON PÈRE... CETTE CRAPULE DE DIDIUS!
MARCELLUS DIDIUS? LUI!?
EN EFFET!... IL EXIGE QUE J'OBTIENNE BEAUCOUP POUR LUI AUPRÈS DE CÉSAR!
NOTRE GÉNÉRALISSIME ARRIVE... IL SERA DEMAIN SOIR ICI, DEVANT L'OCÉAN! SI TU VEUX, JE LUI PARLERAI DE DIDIUS AVEC TOI...
37

ROME! DEPUIS LE PAYS DES BELGES, LA CÔTE OCÉANE EST À TOI! À PARTIR DE CETTE BASE AU NORD ET DE LA NARBONNAISE AU SUD, JE N'AURAI PLUS QU'À SAISIR L'AQUITANIA DANS MES SERRES...
...ET TU POURRAS ALORS CLAMER QUE CÉSAR A SUBJUGUÉ POUR TOI LA GAULE TOUT ENTIÈRE!
AVE CESAAAAAAR
AH! PUBLIUS ET... !?!
AVE CÉSAR!
...ET AMBRE? OÙ EST-ELLE?
SUR L'AUTRE RIVE DU DÉTROIT, CÉSAR... EN BRETAGNE!
JE... JEUNE ÉTRUSQUE! JE VAIS TE FAIRE CRUCIFIER!
HUM... EUH... CÉSAR... JE T'EN PRIE... ÉCOUTE D'ABORD SON RÉCIT!
AH! MARCELLUS DIDIUS! LE SCÉLÉRAT! IL TIENT L'ENFANT D'AMBRE EN OTAGE! PAR LES DIEUX... QUE PRÉTEND-IL OBTENIR DE MOI, EN ÉCHANGE!?
IL A TA PAROLE, CÉSAR... MAIS IL VEUT DES ASSURANCES BIEN PLUS SOLIDES...
...UNE LETTRE AU SÉNAT AVEC COPIE À MARCUS CRASSUS! RECONNAISSANCE ET MÉRITES! UNE POSITION DE MAÎTRE DE CAVALERIE AUXILIAIRE... ET LA POSSESSION DU FRUIT DE SES CONQUÊTES AVEC LA...
POUAH! SUFFIT!
CÉSAR! IL FAUT L'ARRÊTER! LUI ET SES MERCENAIRES GERMAINS! ILS PILLENT, SACCAGENT, VIOLENT ET MASSACRENT PARTOUT OÙ ILS...
OH ÇA... CE N'EST PAS UN GRAND MAL...
QUE... QUOI?!
38

C'EST INDIGNE DE CÉSAR! DES POPULATIONS ENTIÈRES SONT EXTERMINÉES ET NOUS NE...
BAH! NOUS REMPLACERONS BIENTÔT CES GERMAINS QUE NOUS INTÉGRERONS DANS NOS TROUPES AUXILIAIRES... ET LES POPULATIONS SOULAGÉES LOUERONT ALORS NOTRE ORDRE ROMAIN!
ET SI PUBLIUS EST D'ACCORD, JE TE CONFIE UNE MISSION, MILON... TU VAS REJOINDRE CE PORC DE DIDIUS POUR LUI PROMETTRE LES MISSIVES...
...POUR LE FAIRE PATIENTER... ET DÈS QUE LA CHOSE SERA POSSIBLE...
...POUR LE SUPPRIMER!
MOI?! MAIS... COMMENT?
MMH... TU ES MÉDECIN... ALORS TU AURAS L'EMBARRAS DU CHOIX! TU DOIS ÊTRE EXPERT EN POISONS... OU PAR QUELQUE AUTRE MOYEN QUI TE SEMBLERA BON... EXÉCUTE-LE!... BIEN SÛR, TU AS MON ENTIÈRE APPROBATION!
JE... JE NE...
BIEN... MAINTENANT, IL NOUS FAUT PRÉVOIR LA CONQUÊTE DE LA BRETAGNE!
HEIN?! MAIS... C'EST AMBRE OU LA BRETAGNE QUE TU VEUX?!
?!?
L'UNE NE VA PAS SANS L'AUTRE...
C'EST IMPOSSIBLE, CÉSAR!
ATTENTION À CE QUE TU VAS DIRE, MILON... TU JOUES TA VIE!
JE... JE NE CHERCHE PAS À PROTÉGER AMBRE, CÉSAR.. MAIS SACHE QUE CETTE PARTIE DE L'OCÉAN EST TENUE PAR LES FLOTTES BRETONNES, ET SURTOUT VENÈTES....
...ELLES COULERAIENT UNE EXPÉDITION ROMAINE COMME AUTANT DE COQUILLES DE NOIX JETÉES À L'EAU...
39

MMH... DES FLOTTES SI PUISSANTES?
OUI, CÉSAR... ET TU NE POURRAS, D'ICI, SI LOIN DE ROME, RIVALISER AVEC ELLES !
ON PEUT ENVAHIR LE PAYS DES VÉNÈTES PAR LA GAULE... ICI !
UNE PARTIE DE L'ARMORIQUE PEUT-ÊTRE... MAIS L'ESSENTIEL DE LEURS FORCES PASSERA EN BRETAGNE GRÂCE À LEURS NAVIRES... ET ILS TIENDRONT TOUJOURS L'OCÉAN !
MAUDITS SOIENT LES DIEUX ! ÇA VA PRENDRE UN TEMPS FOU !
VAS-TU TENTER L'AVENTURE, CÉSAR?
BOM
NON ! NON... JE NE DOIS NI MAUDIRE LES DIEUX, QUI FAVORISENT NOS ARMES, NI RISQUER NOTRE PUISSANCE DANS UNE ENTREPRISE AUSSI HASARDEUSE !
REGARDEZ... DANS NOTRE CONQUÊTE DE L'AQUITANIA...
...NOUS NE POUVONS LAISSER CET ABCÈS VÉNÈTE DERRIÈRE NOUS !
IL FAUT DONC COMMENCER À LE RÉDUIRE EN PARTANT DE L'EST, PAR LA TERRE FERME !
C'EST CE QU'ACCOMPLIRONT MES LÉGATS ! PENDANT CE TEMPS, JE RENTRE DÈS DEMAIN À ROME POUR Y ARMER UNE FLOTTE TELLE QUE CES VÉNÈTES NE SAURONT PLUS VERS QUELLE ÎLE ALLER SE CACHER !
QUE CELA SOIT ÉCRIT...
PUBLIUS CRASSUS FERA TOUT DE MÊME CONSTRUIRE QUELQUES NAVIRES LÉGERS POUR DESCENDRE LE GRAND FLEUVE LIGER*... CELA AFIN DE PRENDRE LA FLOTTE DES VÉNÈTES À REVERS !
CÉSAR COMMANDE !

* LA LOIRE. 40

VA, MILON ! QUE THEMIS TE PORTE CHANCE ! JE T'AI CONFIÉ CES QUELQUES MISSIVES ANODINES POUR FAIRE PATIENTER LA BRUTE...
OCCIS-LE LE PLUS VITE POSSIBLE ! ET NE TE REPRÉSENTE DEVANT MOI QUE TA MISSION ACCOMPLIE...
EUH... CÉSAR COMMANDE...
LE JOUR SE LÈVE... VOYONS LES AUGURES !
CÉSAR COMMANDE... MH... MAIS CÉSAR COMMANDE UNE MISSION SUICIDE...
... D'UNE FAÇON OU D'UNE AUTRE, MA TÊTE N'EN A PLUS POUR LONGTEMPS À RESTER SUR MES ÉPAULES...
ENFIN... AMBRE EST LIBRE...
... J'ESPÈRE QUE SES FRÈRES BRETONS L'ONT BIEN ACCUEILLIE... ET QU'ELLE GOÛTE UN PEU DE PAIX...
SHTANK
TANNK
YAAAHHHooo
41

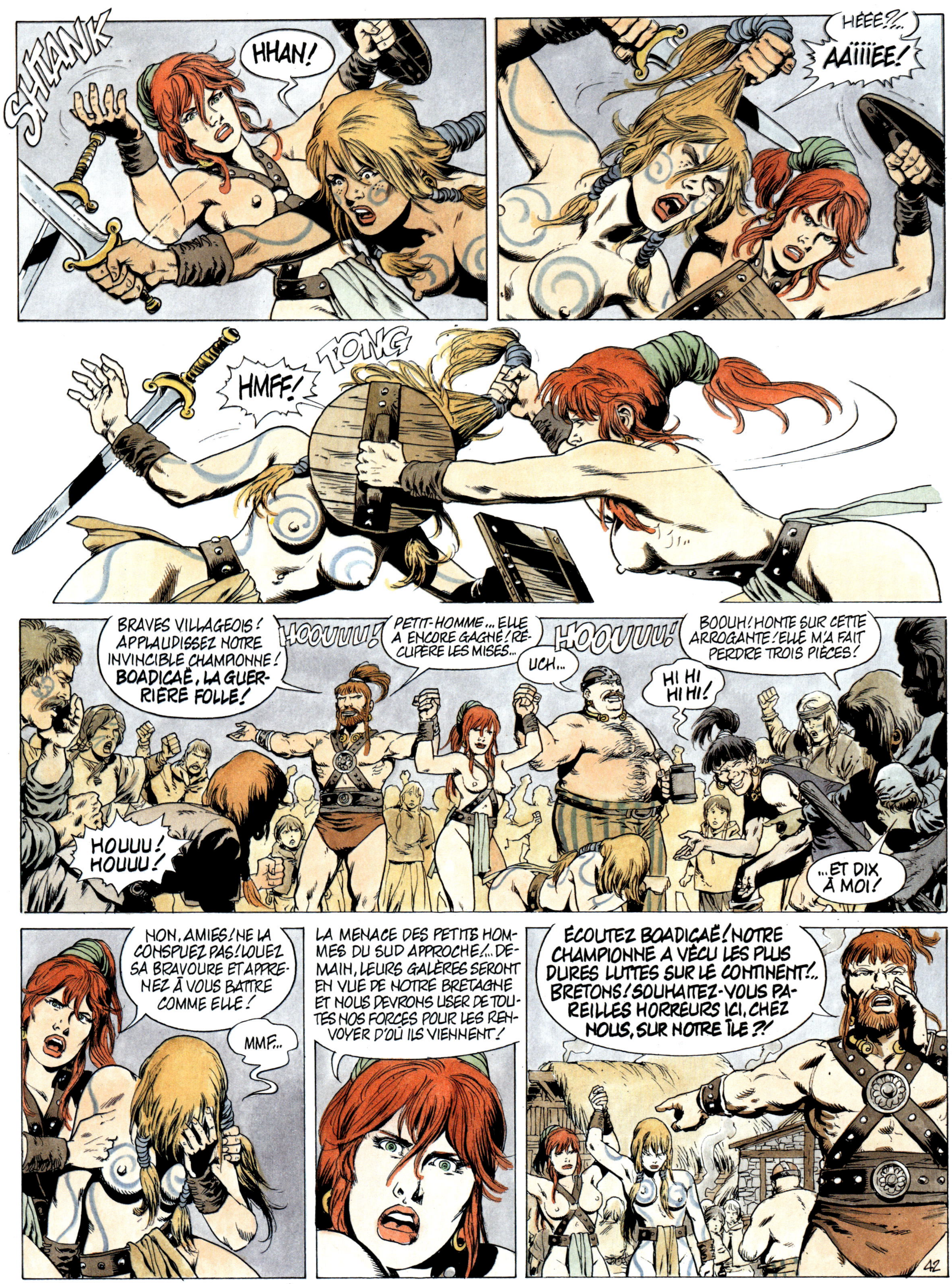
SHTANK
HHAN!
HÉÉÉ?!..
AAÏÏÏÏEE!
HMFF!
TONG
BRAVES VILLAGEOIS! APPLAUDISSEZ NOTRE INVINCIBLE CHAMPIONNE! BOADICAË, LA GUERRIÈRE FOLLE!
HOOUUU!
PETIT-HOMME... ELLE A ENCORE GAGNÉ! RÉCUPÈRE LES MISES...
HOOUUU!
UCH...
BOOUH! HONTE SUR CETTE ARROGANTE! ELLE M'A FAIT PERDRE TROIS PIÈCES!
HI HI HI HI!
HOUUU! HOUUU!
...ET DIX À MOI!
NON, AMIES! NE LA CONSPUEZ PAS! LOUEZ SA BRAVOURE ET APPRENEZ À VOUS BATTRE COMME ELLE!
MMF...
LA MENACE DES PETITS HOMMES DU SUD APPROCHE!... DEMAIN, LEURS GALÈRES SERONT EN VUE DE NOTRE BRETAGNE ET NOUS DEVRONS USER DE TOUTES NOS FORCES POUR LES RENVOYER D'OÙ ILS VIENNENT!
ÉCOUTEZ BOADICAË! NOTRE CHAMPIONNE A VÉCU LES PLUS DURES LUTTES SUR LE CONTINENT!.. BRETONS! SOUHAITEZ-VOUS PAREILLES HORREURS ICI, CHEZ NOUS, SUR NOTRE ÎLE?!
42

CE N'EST PAS ENCORE ÇA ! TANT QU'ILS N'AURONT PAS VU LE NEZ D'UN ROMAIN, ILS NE S'ALARMERONT PAS !
MERCI TOUT DE MÊME DE TON AIDE, YORC...
SAIS-TU QUE TU DEVIENS DRÔLEMENT HABILE, TOI ? BIENTÔT, TU POURRAS MÊME TE MESURER À DES HOMMES !
HÉ ! LA MOISSON EST BONNE ! CE SOIR, ON MANGE ET ON DORT À L'AUBERGE !
MH MH...
HI HI HI...
J'AI ASSEZ BU... JE VAIS DORMIR...
COUÏC...
BOADICAË... JE T'ACCOMPAGNE !
POURQUOI AS-TU PARLÉ, SUR LA PLACE ?
TU N'Y CROIS PAS VRAIMENT, À L'INVASION ROMAINE, N'EST-CE PAS ?
BEUH... EUH... JE NE SAIS PAS... C'ÉTAIT POUR TE REDONNER CONFIANCE...
TU ES GENTIL...
43

OOOUUAAAW...
MAIS...
YORC LE PORC! TU EN AS PROFITÉ! TU ES ARRIVÉ À TES FINS! CANAILLE!
HÉ!?
ARRÊTE! JE TE JURE SUR LES MATRAE QUE TU AS DORMI COMME UNE SOUCHE TOUTE LA NUIT!
ON VA MONTER UN PEU VERS LE SEPTENTRION! C'EST UN PAYS RUDE... MAIS L'OR Y EST PLUS FACILE!
AU NORD? CHEZ LES ICÉNIENS?
LES... LES ICÉNIENS... ?!?
OUI, AMBRE... LE PAYS DES ICÉNIENS, OÙ TU RETROUVERAS PEUT-ÊTRE TES RACINES ET OÙ SE JOUERA TA DESTINÉE!
DANS L'ATTENTE, CHEMINE AVEC TES BATELEURS, SANS TE DOUTER QUE TES SONGES CROISENT LES PENSÉES DE CES HOMMES QUE TU AS LAISSÉS SUR L'AUTRE RIVAGE...
LES ICÉNIENS...
DE L'OR... HI HI HI... AVEC CE QUE JE SAIS, JE VAIS EN REMPLIR UNE PLEINE OUTRE!
...QUE CECI SOIT ÉCRIT...
...LA GAULE EST PAREILLE À UNE JEUNE ESCLAVE, À UNE FEMME-ENFANT FACILE ET REBELLE À LA FOIS... ET QUI N'ATTEND DÉSORMAIS QUE CELUI QUI LA DOMPTERA!
AMBRE... OÙ PEUX-TU ÊTRE?
AMBRE...
...TE REVERRAI-JE UN JOUR?...
MITTON 85
SCENARIO : S. ROCCA / DESSINS : JY MITTON / COULEURS : S. BALLAND. / TOME 7 SUIVANT : YORC LE BATELEUR 44

AREMORICA
AULERCI
OCEANUS
CENABUM
CARNUTES
LUTECIA
PARISII
SEQUANA
LIGER
LEMOVICES
BITURIGES
AVARICUM
ALESIA
SEQUANI
SANTONI
CELTAE
HAEDUI
BURDIGALA
ARAR
NITIOBROGES
GERGOVIA
AMBARRI
AQUITANI
ARVERNI
LUGDUNUM
GARUMNA
TOLOSA
CEVENNA
VIENNA
ALLOBROGES
RUTENI
HELVII
RHODANUS
ISARA
CULARO
PYRENAEI MONTES
TECTOSAGES
PROVINCIA
ARELATE
AQUÆ SEXTIÆ
NARBO MARTIUS
SALLUVII
MASSILIA
HISPANIA
SOLIS EDITIO
IBERUS
TARRACO
MARE
INTERNUM